AF589890

VICTOR FLEURY

Secrétaire Général de la Mairie du Havre

LITTÉRATEUR & POÈTE

NOTICE

BIOGRAPHIQUE & BIBLIOGRAPHIQUE

PAR

ALPHONSE MARTIN

Secrétaire de la Société Havraise d'Etudes Diverses

FÉCAMP

IMPRIMERIE DE L. DURAND, PASSAGE SAUTREUIL

AVRIL-MAI 1881

VICTOR FLEURY

Secrétaire Général de la Mairie
du Havre

LITTÉRATEUR & POÈTE

NOTICE

BIOGRAPHIQUE & BIBLIOGRAPHIQUE

PAR

ALPHONSE MARTIN

Secrétaire de la Société Havraise d'Etudes Diverses

FÉCAMP

IMPRIMERIE DE L. DURAND, PASSAGE SAUTREUIL

AVRIL-MAI 1881

VICTOR FLEURY

Joseph-Victor Fleury naquit à Sanvic, le 18 février 1817, dans une maison aujourd'hui démolie, et qui était située à l'angle Nord-Est, formé par la rue Sainte-Adresse et la route d'Étretat. Cette partie de l'ancien territoire de Sanvic dépend actuellement de la ville du Havre, par suite du décret d'annexion (9 juillet 1852).

J.-V. Fleury était le quatrième enfant de Jean-Jacques-Nicolas Fleury, originaire de Villequier, venu, vers 1811, s'établir maréchal-ferrant à Sanvic. Celui-ci avait épousé Marie-Anne Veulliet-Durand, native de Boulogne-sur-Mer, sœur de M. Jean-François-Henri Veulliet qui a exercé les fonctions d'instituteur primaire à Ingouville, depuis 1814 jusqu'en 1847. Les trois autres enfants de Jean-Jacques-Nicolas Fleury étaient deux filles, dont l'une, Joséphine-Arsène-Augustine, a épousé M. Valentin Vierpont, ancien receveur municipal d'Ingouville et du Havre, et un autre garçon, Henri-Etienne Fleury, mort à l'âge de 15 ans.

Deux ans après la naissance de son fils Victor, M. J. Fleury cessa d'exercer sa profession pour jouir d'une modeste aisance, fruit de ses pénibles travaux, et il vint habiter au Havre, rue d'Orléans, n° 41 (actuellement n° 47), où le jeune Fleury, le futur poëte, a passé presque la moitié de sa vie.

Victor Fleury était d'un caractère gai et vif, espiègle, en un mot, ce qui contraste un peu avec ses productions littéraires souvent empreintes d'une certaine mélancolie ou revêtant une forme rêveuse. Son intelligence et sa mémoire remarquables se développèrent rapidement sous l'influence de son père, artisan lettré, et des leçons de son oncle, M. Veulliet, qui a été son premier maître d'école. En effet, c'est dans une modeste institution, située rue des Pénitents, n° 61, alors sur le territoire d'Ingouville et actuellement sur celui du Havre, que Victor Fleury reçut les principes élémentaires de son instruction. Il se plaisait souvent à rappeler et à louer les mérites professionnels de son premier précepteur.

En 1827, Victor Fleury, âgé de 10 ans, entra à l'Ecole Secondaire du Havre, comprenant seulement trois classes, et transformée, quelque temps après, en petit collège communal. Il y est resté jusqu'en 1833, suivant seulement les cours spéciaux sans aborder les études classiques; il s'est plutôt perfectionné lui-même après sa sortie du collège et sans le secours d'aucun maître.

La carrière professionnelle de Victor Fleury a commencé dans le commerce. Entré à l'âge de 16 ans en qualité de commis dans la maison de commerce et d'armement Homberg frères, il y est resté pendant huit années, c'est-à-dire jusqu'en 1841.

Victor Fleury n'avait pas quitté les bancs de l'école qu'il s'essayait déjà à cultiver les Muses. En 1832, ému par les souffrances de la malheureuse Pologne, à la suite de la bataille d'Ostrolenka, le jeune collégien composait une ode intitulée : *Les dix derniers du quatrième régiment.* Ces vers ont été relus le 24 juillet 1863, dans une séance de la Société Havraise d'Etudes diverses; ils racontaient, lisons-nous dans le procès verbal de cette réunion, un épisode de cette bataille, et ils empruntaient aux circonstances actuelles un nouvel intérêt; les sentiments héroïques qu'ils exprimaient, les avaient fait écouter avec émotion. Et dans le résumé analytique des travaux de cette Société pour l'année 1863, M. Béziers, rapporteur, remerciait le poëte devenu homme, d'avoir été l'écho des sentiments de ses collègues en joignant son chant de deuil à celui des autres poëtes Français.

Cette tentative du jeune poëte n'était sans

doute pas unique ; cependant, nous n'avons retrouvé aucune autre production pendant les premières années qui suivirent sa sortie du collège.

Il est à remarquer que son frère aîné avait aussi eu, tout jeune, des dispositions pour la poésie; il commençait quelques versifications et même quelques petites pièces de théâtre, lorsque la mort vint l'atteindre à la fleur de l'âge, au moment où son talent se serait développé.

Victor Fleury conçut pendant quelque temps le projet de s'adonner à l'étude de la peinture, et en effet, il dessinait bien, il peignit quelques toiles de petite dimension, dont il fit présent à ses parents et ses amis; mais il ne tarda pas à abandonner cet art si difficile.

L'art dramatique entrait naturellement dans les goûts de Victor Fleury. Afin de se procurer des entrées aux représentations théâtrales sans augmenter les charges de ses parents, il s'astreignait, dans ses moments de loisir, à copier des rôles pour les acteurs qui, en échange, lui procuraient des billets gratis, bien mérités toutefois.

La *Revue du Havre*, publiée par J. Morlent, a reçu la première les inspirations poétiques de Victor Fleury ; mais soit qu'il les ait cachées sous un pseudonyme, soit qu'il ne les ait pas signées du tout, nous les avons vainement cherchées dans la collection de ce journal.

C'est surtout à la fin de l'année 1839 que

Victor Fleury est devenu publiciste, prosateur et poëte. Il a d'abord écrit presque régulièrement dans le journal hebdomadaire le *Furet*, publié à Ingouville, de 1839 à 1842, et il en a été l'un des principaux rédacteurs jusqu'au mois d'octobre 1840.

Victor Fleury a collaboré aussi, en 1840, à un recueil mensuel publié au Havre, sous le titre « *Archives du Havre et de la Normandie.* »

Ces deux publications étaient bien différentes l'une de l'autre par leur nature et le genre de leurs rédacteurs. Dans la première, feuille satirique et railleuse, Victor Fleury était à côté du spirituel Victor Caumont, de Gaffney, de Farcy, etc. Dans la seconde, grave et sérieuse, il était en compagnie du docte Massas de Labutte, de l'abbé Cochet, de J.-B. Meu, de Viau, etc.

Le caractère réfléchi de Victor Fleury, ses œuvres poétiques mélancoliques étaient mieux à leur place dans les *Archives*. Aussi il s'est occupé dans le *Furet* d'articles de fond et d'études de mœurs, laissant plus spécialement à ses collaborateurs, et notamment à Victor Caumont, frondeur à l'excès, le soin de soutenir des polémiques souvent hardies et dangereuses. Toutefois, dans certaines circonstances, il les a secondés avec beaucoup de verve, comme le prouvent ses articles.

Le nombre relativement considérable d'études diverses en prose et de poésies variées, publiées par Victor Fleury, en 1840, fait supposer qu'il s'occupait déjà depuis un certain temps de littérature et que ses travaux étaient restés inédits.

Victor Fleury écrivait dans le *Furet* sous le pseudonyme : *Pompilius Ragotin*, qu'il avait choisi à cause de sa taille moyenne. C'est sous cette signature et avec ces titres : *Président de l'Académie de Saint-Martin-du-Bec,* et *auteur d'un ouvrage intitulé : Recherches savantes sur les puces anti-diluviennes*, qu'il a publié, les 22 et 25 décembre 1839, son premier article en prose intitulé : « *Affreuses conséquences du Réveillon ou le bonhomme Birnottin,* » esquisse de mœurs bien reproduite, trop bien même. Puis les articles de Victor Fleury se succèdent avec régularité, et on les retrouve dans chaque numéro du *Furet*, jusqu'au mois d'octobre 1840. Nous citerons seulement les suivants :

Vie et aventures de Pompilius Nabuchodonosor Ragotin, racontées par lui-même. — Les aventures d'un clerc d'huissier de Bolbec. — Réflexions judicieuses sur la fin du monde. — Pensées d'une feuille de papier destinée à devenir un numéro du *Carillon.* — Voyage à Honfleur, Impressions de Voyage à la manière d'Alexandre Dumas, récit écrit avec beaucoup d'esprit et d'imagination. — Le Marchand de braise. — Le Rêve d'un mort, conte fantastique. — Quelques types au dix-neuvième siècle, où Victor Fleury peint avec fidélité : L'Imitateur peintre, l'Imitateur poëte, l'Imitateur musicien, le Patineur. Dans cette étude sur le patinage, exercice fort à la mode, il y a un demi-siècle, chez les Havrais, Victor Fleury raconte avec beaucoup de bonhomie ses débuts malheureux dans l'art de patiner :

« Le patineur..... — Moi qui vous parle et que vous croyez peut-être un patineur enragé, je n'ai jamais chaussé qu'une seule fois le patin ; mon premier essai en ce genre d'exercice ne m'encouragea point à tenter une seconde épreuve. Voici comment je débutai : d'abord, j'achetai une paire de patins, c'est l'indispensable comme vous pensez, puis récapitulant déjà mes nombreux succès futurs, je me dirigeai vers le deuxième fossé, surnommé alors la *Mare à Chouchou*. Un ami généreux m'aida à me chausser, poussa la complaisance jusqu'à m'étayer pendant quelques instants, et quand il m'eut vu faire quelques pas sans trop chanceler sur mes lames d'acier, il m'abandonna à mes propres forces, le traitre ! sans se soucier de moi davantage, de moi qui étais resté stupide et qui n'osais faire un pas ni en avant ni en arrière !... et vous le savez, ô lecteur !... le patineur ne reste en place que le moins possible, sous peine de perdre l'équilibre... et ce fut tout justement ce que je perdis, moi qui ne l'avais pas encore trouvé !... Naturellement, je me renversai en arrière, puis en avant; je voulus tourner sur moi-même, écarter les jambes, me lancer enfin; ah bah! mes pieds me semblaient lourds comme du plomb, et certainement (c'était l'idée qui me vexait le plus) les dames qui faisaient galerie devaient se dire que j'avais l'air d'un chat aux pattes duquel des enfants ont attaché des coquilles de noix... Enfin, je tombai!.. Qu'il vous suffise de savoir que ce ne fut pas sur le nez, et vous devinerez sans peine que ce dut être sur la glace. Le bruit de ma chute ne m'empêcha pas d'entendre les éclats de rire qu'elle avait provoqués, et la douleur aidant, jointe à la confusion que j'éprouvais de me voir devenu le point de mire des quolibets, me firent prendre la ferme résolution de me retirer à jamais de la lice glissante et d'observer paisiblement les autres patineurs. Maintenant, lecteur, passez, si vous le voulez bien, l'éponge d'un oubli plein d'indulgence sur ce souvenir de jeunesse, méditez et nourrissez vous des fruits plus ou moins savoureux que je vous ai fait cueillir gratis dans le jardin de mes observations et de mon expérience.

« Pompilius RAGOTIN. »

Victor Fleury rédigeait quelquefois la chronique théâtrale, et il a publié dans le *Furet* plusieurs poésies fugitives. La première, insérée dans le numéro du 25 décembre 1839, est dédiée à Tancarville Une légère faute que l'on rencontre dans le sixième vers, indique bien l'inexpérience du débutant. Nous reproduisons ces vers à titre de priorité.

A TANCARVILLE

Quel calme ! et quel silence imposant et sublime!
Dans ces vastes débris épars sur un abîme
Où l'œil va s'égarer ;
Nul chant ne vient troubler tes muettes entrailles,
Tancarville, et le soir au pied de tes murailles,
La vague seule vient pleurer !

Dans ton calme vallon, sur tes hautes collines,
L'écho ne redit plus de ses voix argentines
Les sons mâles du cor;
Mais sur tes murs noircis, quand frissonne la brise,
Le touchant souvenir d'Arthur et de Loïse
Semble planer encor.

Adieu noble manoir, adieu roi du rivage,
La Seine de ses flots vient caresser ta plage
Comme un baiser d'amour.
Adieu tours et créneaux et gothique chapelle
Que le temps qui s'enfuit, en secouant son aile,
Vient briser chaque jour.

Les autres poésies de Victor Fleury insérées dans le *Furet*, sont signées : Pompilius Ragotin, ou l'auteur des vers à Tancarville ; ce sont : *les Si*, vers dédiés probablement à celle qui devint plus tard sa femme. L'Agonie de la presse, critique contre les journaux rivaux du *Furet* et disparus avant celui-ci. — Epître en vers adressée par le *Furet* au *Carillon*. Réponse à son petit coup de cloche. — Cancans. — Les Grèves. — Les Contrebandiers, poésie drôlatique à la manière de Victor Hugo. — La reine Mab. — Nuit d'amour. — Les deux Journaux, fable. — Le Furet à la chasse, complainte sur leurs altesses Moricaudes, le prince et la princesse Christophe, colons d'Haïti. — Les sorcières, ballade dédiée à V. Caumont. — Le Captif de Sainte-Hélène, ode. — Vers improvisés sur l'album de madame de la Ragotinière!

Les *Archives du Havre*, année 1840, contiennent six poésies de Victor Fleury, ce sont : Le Mendiant. — La parole de Dieu au suicidé. — L'amour d'une Femme. — L'illusion perdue. — Ahasverus sur la Montagne, légende, et la Ravenelle sauvage, dédiée à M. de Châteaubriand.

Victor Fleury rédigeait aussi quelquefois, dans ce recueil, les critiques théâtrales et littéraires; nous citerons un article sur les poésies d'un ouvrier, Constant Hilbey; cet article est en même temps une revue de la littérature française dans la première moitié du dix-neuvième siècle. Enfin, il a publié dans les *Archives du Havre*, un feuilleton ayant pour titre : *Yvon le Chouan.*

M. Ch. Vesque ajoute que Victor Fleury a

encore collaboré à une publication parisienne intitulée : les *Ecrivains de la mansarde*; d'ailleurs, il était bien un écrivain de cette catégorie, son cabinet était situé au dernier étage de la maison, rue d'Orléans, numéro 47.

Deux circonstances vinrent, en 1841 et 1842, modifier l'existence de Victor Fleury. D'abord, M. Lanquetot, secrétaire de la mairie d'Ingouville, ayant démissionné en sa faveur, il le remplaçait le 1er octobre 1841. Ses nouvelles fonctions étaient assez importantes. Ingouville était alors une grande commune ou plutôt une petite ville.

Cette nouvelle position permettait plus facilement à Victor Fleury de suivre ses études de prédilection, car l'activité commerciale, à laquelle il était soumis auparavant, ne lui laissait que peu de répit.

Puis, six mois après, le 19 mai 1842, Victor Fleury se mariait ; il épousait Emilie-Désirée Villain, qu'il a aimée tendrement et à laquelle il a dédié, sous les initiales A. E..., plusieurs poésies fugitives insérées ensuite dans les *Lointains*. Nous ne pouvons résister au désir de citer ici quelques passages de ces poésies, où le poëte, d'abord fiancé, puis époux et père, témoigne de son amour et de son attachement pour sa fiancée, sa femme et son premier enfant.

I

A. E.....

Vous êtes une âme choisie,
Une étoile en mon ciel obscur ;
Sur votre lèvre est l'ambroisie,
Sur votre front la poésie,
Dans vos yeux bleus le bonheur pur !
. . . .

Vous êtes l'amour où j'aspire,
Vous êtes ma force et ma loi,
Vous êtes l'air que je respire,
Vous êtes l'ange qui m'inspire,
Vous êtes mon rayon de foi !

II

A. E.....

Regarde-moi, tes yeux sont bleus,
Bleus comme un lac aux fraîches ondes
Où nage le cygne orgueilleux ;
Pourtant, du lac les eaux profondes
Perdent leur pureté ; mais toi !...
Tes yeux sont bleus, regarde-moi !
. . . .

Regarde-moi, tes yeux sont bleus,
Bleus comme un beau ciel de Provence.
Oh ! n'oublions jamais tous deux
Notre amour né dès notre enfance ;
C'est du bonheur que vient la foi...
Tes yeux sont bleus, regarde-moi !

III

A. E.....

Souvent, je te l'ai dit, lorsque l'ennui me gagne,
Que ma muse souffrante est triste ainsi que moi,
Je ne rêve et ne vois que maison de campagne,
Humble et cachée au fond d'un vallon de Bretagne.
Un bel enfant l'égaie, il est blond comme toi...
N'est-ce pas un bonheur que m'envierait un roi ?...

D'ailleurs, il nous faudrait si peu pour tant de joie !
Des fleurs pour toi, des fleurs au suave parfum ;
Pour notre faible enfant, des papillons de soie,
Une source limpide où le jonc vert ondoie,
Une tonnelle épaisse avec un banc commun
Où — réunis tous trois, — nous ne formerions qu'un !

IV

A. E.....

Chante, me dis-tu, chante encore,
Dis ce bonheur riant et pur,
Ces rêves qu'en toi font éclore
Nos beaux jours que l'amour colore
Au fond de notre asile obscur !

Chante ta blonde enfant qui prie,
Et dont la voix monte vers Dieu,
Chante son doux nom de Marie,
Chante, afin qu'elle nous sourie
Comme elle sourit au ciel bleu.

. . . .

La Société Havraise d'Etudes diverses, composée seulement, à cette époque, d'une vingtaine de membres résidants, ouvrit ses portes au jeune poëte, le 13 juillet 1842 ; il eut pour parrain M. Millet Saint-Pierre, un autre disciple des Muses, et M. Gallet, industriel à Ingouville. Ce fut pour Victor Fleury une précieuse occasion de faire connaître ses qualités de poëte, et en même temps de mûrir son talent ; aussi, il ne tarda pas à justifier la faveur dont il avait été l'objet. Après les vacances de cette société, c'est-à-dire dans la séance du 9 novembre 1842, il donnait lecture d'un petit poème intitulé : le *Voyage*, et dans celle du 14 décembre suivant, il lisait la touchante ballade de *Loïse*, *souvenir de Tancarville*, datée du 29 novembre précédent.

En 1843, Victor Fleury offrit à la Société d'Etudes diverses douze sonnets, dont quelques-uns ont été publiés plus tard dans le recueil des *Lointains*. Voici seulement la désignation de ces petites poésies, dont quelques-unes rappellent les liaisons du poëte avec plusieurs hommes de lettres. Le premier, daté du 15 février 1843, est dédié aux mânes de Chénier.

Le second, daté du 19 janvier 1843, paraît avoir été inspiré par la chapelle de Notre-Dame-de-Grâce, à Honfleur. Les troisième, quatrième, cinquième et sixième sonnets sont des vers échangés, les 7 et 8 janvier 1843, entre Victor Fleury et son ami Torrachini; celui-ci pour le remercier de quelques strophes qu'il avait composées sur l'Italie, notamment Milan, Rome et Florence.

Les septième et dixième sonnets, datés de novembre 1842, sont dédiés à Louis Chedeville, un autre ami de Victor Fleury, et les huitième et onzième contiennent les réponses de Chedeville.

Le neuvième sonnet, composé le 25 décembre 1842, décrit en vers : *Une Cour de Ferme du Pays cauchois.*

Le *Résumé analytique des Travaux* de la Société d'Etudes diverses, pour les années 1842 et 1843, rédigé par M. Edouard Paravey, secrétaire, contient quelques lignes fort élogieuses pour Victor Fleury, au sujet de ces productions :

« M. Fleury vous a lu plusieurs pièces de « vers qui ont donné à vos réunions un agrément « tout nouveau ; mais ici je me sens plus embar- « rassé que jamais.

« Quelques-unes de ces poésies, délicates « créations, demanderaient à être reproduites « tout entières, pour être jugées comme elles le « méritent. Comment les analyser, comment vous « en citer même quelques fragments, quand le « choix est si difficile et que chacune de mes

« citations ferait regretter tout ce qu'il me faudrait « omettre.

« M. Fleury vous a fait hommage de douze « sonnets dans chacun desquels vous avez re- « trouvé l'élégance de style, l'inspiration gracieuse « et facile, l'empreinte de douce mélancolie, toutes « les qualités qui distinguent les productions de « votre collègue. »

La mort d'un grand poëte Havrais, Casimir Delavigne, procura à Victor Fleury le sujet d'une nouvelle pièce de vers : les *Adieux à Casimir Delavigne*, composée le 28 décembre 1843 et lue ce jour à la Société d'Etudes diverses qui applaudit cette poésie limpide et fraîche.

Victor Fleury, en 1844, a composé quatre poésies fugitives : Les *Lointains,* dédiés à Louis Chedeville, et *Quand je vous quitte*, toutes deux lues à la séance de la Société d'Etudes diverses, le 10 juillet; la *Lettre* et *Novembre*, lues dans la séance du 13 novembre.

M. Millet Saint-Pierre, rapporteur des travaux de cette Société pour l'année 1844, écrivait : « Les poésies fugitives de M. Victor Fleury, ces « vers faciles dont la teinte mélancolique vous a « procuré de si doux, mais trop courts instants, « au milieu de vos études sérieuses, se composent « de quatre morceaux : la Lettre, — Novembre, « Lointains, — et Quand je vous quitte. »

Ces poésies restaient le plus souvent inédites, car la Société d'Etudes Diverses ne publiait pas encore les travaux de ses membres. Une grande infortune fournit à Victor Fleury, en 1846, l'occasion de divulguer son talent et de révéler en même temps son bon cœur. Plusieurs départements de la France avaient été ravagés par les inondations de la Loire. Des quêtes, des souscriptions étaient organisées partout pour atténuer les désastres. Victor Fleury résolut de concourir à cette bonne œuvre, en publiant, au profit des malheureux inondés, à peu près toute son œuvre poétique en partie éparse dans quelques revues, devenues introuvables, et pour le surplus restée en portefeuille.

Ce recueil de poésies fugitives, de sonnets, ballades et épîtres est intitulé les *Lointains* et compose un volume in-8° de 250 pages, imprimé en deux éditions, à Ingouville, par M. L. Roquencourt.

L'auteur a pris soin d'expliquer dans la préface, datée du 18 novembre 1846, l'idée et le plan de cette publication, tous deux conçus dans un moment de hâte :

« Il y a huit jours à peine, écrit-il, que la « pensée m'est venue de publier ce volume, c'est « donc pour ainsi dire un livre improvisé, et par « cela même, je dois craindre qu'il ne présente, « outre les défauts qui lui sont propres, d'autres

« imperfections, qu'un peu moins de précipi-
« tation m'eût permis d'apercevoir et de faire
« disparaître.

« Pour celles-ci, je m'empresse de réclamer
« l'indulgence du lecteur en faveur du motif qui
« m'a inspiré.

« On remarquera le manque d'unité entr'eux
« des divers morceaux. Pressé d'agir, j'ai dû sa-
« crifier l'œuvre générale et réunir à la hâte des
« pièces qui devaient plus tard, sur un plan ar-
« rêté depuis longtemps, se lier intimement pour
« former un ensemble peut-être plus satisfaisant.

« Ce sacrifice exigé par la circonstance, je
« l'ai fait avec plaisir et je ne le regretterai pas si
« j'atteins le but que je me suis proposé.

« J'espère que cette explication sera favora-
« blement accueillie, et s'il me reste un vœu à for-
« mer, c'est que la souscription dont ce livre est
« aujourd'hui l'objet, parvienne à sécher quelques
« larmes. »

Cette pensée généreuse devait être récompensée, et en effet, elle obtint un véritable succès. 330 souscriptions, dont 5 émanant du roi des Français, furent recueillies à Paris, au Havre, à Ingouville et dans les communes environnantes. Une somme de 800 francs est allée ainsi grossir les offrandes au profit des inondés.

L'auteur était heureux de ce résultat, et il exprime sa joie et sa reconnaissance dè les

18 décembre 1846, dans le livre même des *Lointains*, par ces quelques lignes, sous le titre de : Conclusion :

« Publier un livre par souscription et cela « au moment où chacun avait déjà donné son « offrande aux inondés, c'était beaucoup risquer « sans doute; cependant, je n'ai qu'à m'applaudir « de ma témérité.

« En effet, bien que le mérite de cet ouvrage « soit très-problématique, le résultat a dépassé « mes espérances; de hautes et nombreuses adhé- « sions ont accueilli l'œuvre de bienfaisance qu'un « cruel évènement m'avait inspirée.

« C'était la plus belle récompense qui put « m'être accordée, et elle me devient d'autant « plus chère encore, quand je songe que je la « dois à ma ville natale.

« La Société Havraise d'Etudes diverses a « droit particulièrement à ma reconnaissance « pour la sympathie qu'elle m'a témoignée dès le « début, et je suis heureux de contracter envers « cette honorable assemblée une obligation de « plus. »

La publication des *Lointains* clôt en quel que sorte la première période de l'œuvre littéraire de Victor Fleury. Autant sa plume s'était montrée pleine d'entrain et d'ardeur, de 1839 à 1846, soit en prose, soit en vers, autant elle parait nonchalante et timide pendant les 10 années qui suivirent. Le 8 décembre 1848, il donna sa démission de membre de la Société d'Etudes diverses, où il avait cependant reçu le meilleur accueil.

Pendant ce long laps de temps, Victor Fleury, sans abandonner ses études favorites, n'a livré au public qu'une traduction en vers ou Etude dramatique sur Don Carlos, de Schiller, et les paroles en six strophes de la cantate exécutée le 9 août 1852, à l'occasion de l'inauguration des statues de Bernardin de Saint-Pierre et de Casimir Delavigne. Et encore, cette dernière œuvre était cachée par l'anonyme, sous les initiales V. F. Le compte-rendu de cette solennité se borne à mentionner « que les orphéonistes du « Havre ont exécuté une cantate, paroles d'un « habitant du Havre. »

Victor Fleury s'est tenu à l'écart des discussions politiques, sous la Révolution de 1848 comme sous les autres gouvernements, il a toujours su garder une grande réserve sur ce sujet, se rappelant qu'avant tout il était fonctionnaire public. D'ailleurs, il était de ceux auxquels on peut appliquer ce dicton : « Les ministres, préfets ou maires « peuvent changer, mais les secrétaires restent. » Pendant les 40 ans passés par lui dans l'administration communale d'Ingouville et du Havre, Victor Fleury aurait été dans la nécessité de changer bien souvent d'opinion, s'il avait embrassé tour à tour les querelles des partis.

La grande question d'annexion au Havre des communes d'Ingouville, de Graville et d'une partie de Sanvic ne laissait guère de loisir au secrétaire de la mairie d'Ingouville, pour exercer sa Muse, car il a été l'un des premiers et des principaux promoteurs de cette annexion.

En effet, le 15 octobre 1849, le gouvernement avait ordonné une enquête à ce sujet, et dès le 25 novembre suivant, Victor Fleury publiait un mémoire très-étendu en faveur du projet et des résultats que l'on pouvait espérer. On lit dans ce mémoire un passage qui prouve avec quelle persévérance Victor Fleury s'est intéressé au développement et à la prospérité du Havre : « L'agrandissement du Havre a toutes nos « sympathies ; on sait, en effet, qu'en tout temps, « nous avons prêté notre concours aux diverses « questions qui nous ont paru être de nature à « intéresser la grandeur et la prospérité de notre « port. Nous ne ferons donc aujourd'hui que « continuer notre œuvre. »

Après que la réunion au Havre des trois communes fut décidée, Victor Fleury devint secrétaire-adjoint de la mairie du Havre, le 1er janvier 1853, puis secrétaire en chef, en remplacement de M. Taveau, le 1er janvier 1856. Ses occupations administratives augmentaient en même temps que son grade, d'autant mieux que la ville du Havre subissait à cette époque une transformation complète ; on ne doit donc pas être surpris si, pendant cette période, le poëte Havrais n'a rien livré à la publicité.

Mentionnons encore ici une création philanthropique due à Victor Fleury. En 1851, il avait fondé à ses risques et périls la maison de la *Maternité*, devenue établissement municipal, et qui reçoit annuellement près de deux cents femmes pauvres.

Un cruel évènement pour le poëte Havrais a marqué l'année 1853. Le 20 juillet, sa jeune femme, atteinte depuis longtemps déjà d'un mal implacable et sans remède, succombait, le laissant avec deux tout jeunes enfants. Ce fut un grand malheur pour Victor Fleury ; ceux qui l'ont connu avant et après cet évènement ont pu apprécier la perte qu'il avait faite.

Peu à peu, surmontant la douleur qui l'accablait, le poëte se remit à l'œuvre, d'abord sans bruit ni publicité.

Puis, en 1858, il se décidait à publier sous le titre de *Faust et Marguerite*, d'après Gœthe, un nouvel ouvrage moins important que ses *Lointains*, mais tout aussi méritoire.

Ce livre est dédié à Alphonse Karr, au spirituel critique, à l'éminent écrivain qui, dans son ermitage de Sainte-Adresse, avait consacré quelques-unes de ses matinées à entendre les *Légendes bretonnes* et les imitations allemandes dues à la plume de Victor Fleury, et dont nous parlerons bientôt.

C'était Alphonse Karr, lié d'amitié avec Victor Fleury, qui lui avait indiqué, pour cet essai, la traduction de *Faust*, par Gérard de Nerval, et dans sa préface, l'auteur Havrais ajoute avec modestie : « Ce que je publie aujourd'hui, après « plusieurs années d'hésitation bien naturelle, et « contraint pour ainsi dire par le bruit qui se fait « en ce moment autour de *Faust*, ne peut être « considéré que comme une simple étude drama- « tique. »

Cette œuvre, appréciée élogieusement par la presse locale, est le commencement d'une nouvelle série de travaux poétiques publiés par Victor Fleury, de 1858 à 1874.

Il rentra dans la Société d'Etudes diverses, le 15 janvier 1859. Son nom figure dans presque toutes les commissions pour les concours de poésie ouverts par cette société. Ses travaux ont enrichi nombre de volumes publiés par elle. Presque tous les rapporteurs ont consigné dans leurs résumés analytiques sur les œuvres de Victor Fleury, les critiques les plus fondées et les plus élogieuses qui nous aideront à continuer notre revue bibliographique.

« *Faust et Marguerite*, écrit M. Rispal dans son résumé analytique de l'année 1858, est un livre fort remarquable, où sont imités les plus beaux passages du *Faust*, de Gœthe, cette œuvre si grande, si sublime, si renommée dans le monde littéraire. Cette œuvre, empreinte fortement du sentiment germanique et du mysticisme qui distinguent le génie de cette nation, est vraiment intraduisible en notre langue. M. Fleury a su choisir avec goût l'épisode de la séduction de Marguerite et les fragments où le génie des deux nations a quelques points de contact. Il a produit des vers dont le charme poétique, l'exquise douceur et l'empreinte quelque peu mystique ont transporté dans notre langue toute la beauté de l'original allemand. »

Victor Fleury a publié, en 1859, une légende bretonne : *Le Tribut de Noménoë* et un chant breton : *Le Mal du Pays.*

M. Rispal rapporte encore sur ce sujet, dans le résumé analytique de l'année 1859, une appréciation très-flatteuse :

« M. Fleury vient de nous émouvoir aux sons touchants de la harpe du barde gaulois. Il nous retrace les dernières luttes de nos pères, épuisés par la tyranie romaine, contre les envahisseurs francs.

« M. Fleury, dans ses vers âpres et cependant harmonieux, a reproduit le langage fier et hautain de ces redoutables gaulois qui, jadis, avaient bivouaqué quinze ans sur les ruines fumantes de la reine du monde.

« Le *Tribut de Noménoë* est la reproduction palpitante d'un drame plein d'intérêt ; on y voit, on y sent les impressions des gens de l'époque, on frémit avec le vieux chef d'Arez, au récit du bon marchand qui a vu la tête de Karo jetée dans la balance pour compléter le tribut exigé par l'oppresseur étranger.

« Il semble voir ensuite le jeune chef, le bouillant Noménoë accueillant avec bonté les plaintes de ses vassaux, qui ne sont pas des esclaves comme ils le seront plus tard sous le joug des francs.

« L'intérêt se succède palpitant, du premier mot jusqu'au dernier ; on ne respire pas, tant qu'on n'a pas vu Noménoë jeter à son tour dans le plateau, la tête du barbare et féroce intendant. »

M. J. Baillard, dans le résumé analytique, année 1860, remarque les progrès accomplis par Victor Fleury dans ses dernières œuvres poétiques :

« Il a vivement ému ses auditeurs lorsqu'il leur a lu : *Le Mal du Pays* et *Ixus le Gui de Chêne*, imitation du récit touchant et bien connu d'Hégésippe Moreau. Ces deux plaintives élégies ont enlevé tous les suffrages, par la grâce de l'expression et l'harmonie de la versification.

« Dans ses premières œuvres, M. Fleury s'est laissé entraîner sur la trace d'une de nos célébrités littéraires, dont la manière ambitieuse et un peu forcée eut été funeste au souffle vraiment poétique qui l'anime ; mais, depuis longtemps, ses productions n'ont plus rien qui puisse les faire assimiler à des pastiches, et son talent, en mûrissant, devient de plus en plus original. Louons-le surtout d'avoir cherché ses inspirations dans l'amour du pays, dans les affections de la famille, dans les sentiments éternellement vrais qui sont le fond de notre nature, source abondante qui ne lui fera jamais défaut. »

M. A. Mignot écrivait à son tour, en 1861, dans le résumé analytique de la Société d'Etudes diverses :

« De notre temps, il se rencontre quelques esprits d'élite, quelques âmes vraiment animées du feu sacré, ne sacrifiant pas aux faux dieux du jour.

« Dans les rangs éclaircis de cette phalange poétique, je dois placer nos honorables collègues : M. Fleury, l'auteur des *Lointains* ; M. A. Dousseau, l'auteur du *Nouveau Havre*, et M. J.-B. Millet Saint-Pierre, l'auteur des *Chiquenaudes*.

« La dernière production poétique de M. Fleury, intitulée : *Ixus, le Gui de Chêne*, est tout simplement un petit chef-d'œuvre de goût et de rustique simplicité. Le vers est bien frappé, il est nerveusement harmonieux et pur de toutes verroteries. »

L'œuvre poétique de Victor Fleury s'augmente, en 1862, de quatre nouvelles compositions : L'*Etoile du matin*, lue à la séance publique de la Société d'Etudes diverses, le 3 août 1862 ; les *Hirondelles*, chansonnette bretonne ; le *Dimanche matin* et l'*Orage*.

« M. Victor Fleury, écrit M. Emile Duboc, dans le résumé analytique de l'année 1862, est de cette école indépendante qui sait trouver les aspirations les plus simples pour les faire servir au besoin du goût et de la vérité. Son thème repose sur les sentiments éternels du cœur et sur les lois de le pensée. Où peut-il trouver une source plus abondante d'idées ?

« Rien de plus frais et de plus simple que ces pièces de vers nouvelles, imitées du poëte J.- B. Hebel, dont les poésies populaires, écrites en dialecte alémanique, respirent à la fois la bonhomie et la piquante originalité. On dirait, en les parcourant, qu'elles ressemblent à ces tableaux flamands où tous les éléments de la famille, de la société et les occupations de la vie privée viennent se fondre et se combiner en un tout harmonieux. »

L'*Orage* et le *Dimanche matin* sont des imitations parfaitement réussies. Citons encore l'*Etoile du Matin*, où le poëte, dans un style imagé, reproduit scrupuleusement les phénomènes apparents des corps célestes et fait retracer, à la fraîcheur de la rosée et par le discours naïf d'un jeune faucheur amoureux, l'apparition la plus matinale des étoiles.

« Les *Hirondelles*, chansonnette bretonne, est une poésie de sentiment. M. Fleury ne pouvait pas non plus trouver de plus belles imitations que dans cette langue si riche et dans ce pays breton où tout est recueillement et naïveté, où chaque image sourit, où Briseux, ce talent si pur, a chanté sur la pierre du dolmen, dans les landes solitaires et au milieu de cette agreste nature. »

Le 10 juillet 1864, dans la séance publique de la Société d'Etudes diverses, Victor Fleury fit donner lecture de deux poésies : le *Croix du chemin* et une courte pièce en vers alexandrins : *A une jeune fille à son entrée dans le monde.* Elles portent, dit M. J. Bailliard, le cachet de gracieuse sensibilité dont sont empreintes toutes les productions de l'auteur.

Dans la première de ces deux charmantes poésies, mentionne M. Terrien-Poncel, l'auteur a employé la licence devenue assez fréquente, de changer la cesure des vers de dix syllabes, et il a encore donné des preuves de son talent dans une imitation du poëte allemand, Louis Tieck, sur le *Printemps*; il faut, ajoute M. Terrien-Poncel, lire ce morceau fort original sur un sujet bien usé et devenu banal ; sa forme attire véritablement l'attention.

Le 25 janvier 1867, Victor Fleury lit dans la séance de la Société d'Etudes diverses, quatre morceaux intitulés : *Gervaise*, — *Pensées*, — *Fleurs de Printemps* et *le Baron de Jauioz*.

M. Beziers mentionne ces pièces dans le résumé analytique de l'année 1867.

M. Fleury, dit-il, est mélancolique dans ses poésies : l'une, *Gervaise*, fait pressentir un malheur, la perte d'une barque montée par un pêcheur, mari de Gervaise.

La deuxième, qui est adressée aux fleurs, exprime gracieusement la sympathie de l'auteur pour ces filles du printemps.

La troisième, intitulée : *Pensées*, nous montre Dieu partout, dans l'enfant, dans la fleur, dans la vague, enfin partout, c'est du Gœthe, mais un Gœthe non panthéiste.

La quatrième poésie, le *Baron de Jauioz*, est imitée des chants populaires de la Bretagne recueillis par M. de la Villemarqué ; elle nous retrace un de ces marchés qui avaient lieu souvent au moyen-âge, et sur lesquels le *Rolla* d'Alfred de Musset nous fait verser des larmes amères, un de ces marchés enfin qu'on doit prévenir et empêcher par tous les moyens possibles.

Le 27 décembre 1867, Victor Fleury donnait encore lecture d'une autre imitation des chants populaires de la Bretagne : le *Combat des Trente ;* d'une poésie d'origine italienne, la *Terza Rima*, d'un rhythme facile et entraînant en même temps qu'harmonieux, se divisant en tercets en nombre illimité, lesquels se trouvent enchaînés entre eux par les rimes. Enfin, une paraphrase en vers d'une pensée de notre sombre Lamennais, intitulée : *Toujours Seul*.

Victor Fleury a composé, en 1868, les paroles de la Cantate exécutée à l'inauguration de l'Exposition du Havre. Il a publié en 1869, le *Charme*, élégie turque, d'après Byron ; le *Dernier Poëte*, d'après Anastasius Grun ; en 1872, les *Oiseaux de passage*, d'après le Suédois Hagnelius ; *A mon cœur,* autre poésie scandinave. En 1874, *Fleurs de Printemps*, dernière composition publiée dans les Recueils de la Société d'Etudes diverses et qui est sa dernière œuvre imprimée.

Enfin Victor Fleury a conservé en portefeuille quelques poésies, dont l'une a sa place ici, car elle est un portrait du poëte peint par lui-même et avec beaucoup de fidélité; c'est d'ailleurs une de ses dernières compositions.

LA SOIXANTAINE

A mes Enfants

SONNET

J'ai soixante ans aujourd'hui même.
Dix-huit février, et ma foi,
Je les accueille sans effroi
Par ce dimanche de carême.

Je n'ai pas la face trop blême,
Le cœur reste jeune, et chez moi,
Ce jour n'a produit nul émoi
Parmi tous mes enfants que j'aime !

Qu'importe quelque ride aux yeux ?
Si l'âme, ce rayon des Cieux,
Garde sa fraîcheur, douce chose !

Que me font quelques cheveux blancs,
Lorsque sonnent mes soixante ans,
Si mon front n'est pas trop morose ?

V. Fleury.

18 février 1877.

Victor Fleury n'était pas seulement littérateur et poëte, il aimait l'histoire, surtout celle de son pays natal. Il protégeait et encourageait toujours ceux qui s'en occupaient, et l'auteur de ces lignes est personnellement heureux de rendre ce témoignage à sa mémoire.

Victor Fleury avait recueilli de nombreux renseignements sur la ville du Havre, et il se proposait, si le temps le lui eut permis, d'en écrire l'histoire. Cependant, il a publié, en 1868, un résumé historique succinct sur cette ville, dans un numéro de la *France nouvelle Illustrée*. Cette étude se divise en deux parties : le Havre, coup d'œil en arrière ; le Havre actuel, description de ses édifices, administration et commerce, le tout avec vues et plans.

Un mot maintenant sur l'homme de bureau.

Victor Fleury, comme secrétaire de la mairie du Havre, était pour ainsi dire le repertoire vivant de l'administration communale. Sa mémoire exceptionnelle jointe à sa longue expérience, le rendaient indispensable à la cité havraise, grandissant et se transformant continuellement. Il eut la bonne pensée, pour faire profiter ses successeurs de son expérience, de rassembler en un seul tout, c'est-à-dire dans le *Mémorial Havrais*, les règlements municipaux, lois, décrets et arrêtés s'appliquant à la ville du Havre.

Cette publication était d'autant plus utile, que depuis dix ans, aucun recueil des arrêtés de police du Havre n'avait paru, malgré les nombreuses modifications qu'avaient dû subir ces documents par diverses circonstances.

Ce guide pratique des relations entre administrateurs et administrés, compose un volume in-8° de plus de 500 pages compactes, imprimées en petit texte. Il contient en outre de nombreux extraits choisis dans la jurisprudence qui forment des commentaires sûrs pour l'interprétation des lois et arrêtés et en rendent l'application plus facile.

Victor Fleury reçut, le 14 septembre 1872, la récompense de ses bons et longs services administratifs et du concours zélé qu'il avait apporté pendant la guerre de 1870-71 pour la défense du Havre et sa préservation de l'invasion allemande. A son voyage au Havre, M. Thiers, président de la République française, lui remit la croix de la Légion d'honneur.

Bien qu'il eût droit à sa retraite depuis plusieurs années, Victor Fleury a conservé jusqu'à la fin ses fonctions administratives; il est mort pour ainsi dire sur la brèche, car le 9 avril 1881, il était encore à son bureau, occupé comme d'habitude; et il avait assisté à l'inauguration du nouveau Marché-Thiers, et le 10, jour de son décès, il était venu à l'Hôtel-de-Ville prendre communication de la correspondance.

Pendant l'hiver dernier, Victor Fleury avait souffert d'une grave maladie d'intestins qui l'avait cruellement affaibli. Les derniers froids l'avaient affecté d'une manière plus sensible encore. La maladie avait causé de grands ravages sur cette nature vigoureuse, restée verte en dépit des années et sur laquelle la vieillesse ne semblait pas avoir prise.

Le dimanche 10 avril 1881, vers six heures du soir, Victor Fleury étant allé se promener sur la jetée, s'était trouvé indisposé en revenant chez lui; un de ses amis l'aida à rejoindre son domicile, où M. Marical, pharmacien, mandé en toute hâte, lui donna les premiers soins. Le docteur Launay fut appelé ensuite, mais tous secours restèrent inutiles. Victor Fleury succombait vers 9 heures du soir, âgé de 64 ans et 2 mois.

Cette mort a causé un vif émoi dans toute la ville et surtout parmi le personnel de l'Hôtel-de-Ville et des diverses administrations où Victor Fleury était connu et estimé. La presse locale s'est empressée de publier les traits les plus saillants de sa biographie et de citer ses œuvres littéraires. M. Ch. Vesque, dans le *Courrier du Havre*, M. Lecureur, dans le journal *le Havre*, ont retracé brièvement, autant que le permet le format du journal, les principales phases de la vie du littérateur et poëte havrais.

M. A. Lecureur rappelait avec beaucoup d'à-propos une des poésies de Victor Fleury, publiée en 1840, et où le poëte exprime ses préférences pour la ravenelle, dans les vers charmants que nous reproduisons ici, parce qu'ils ont provoqué un épisode attendrissant aux obsèques de Victor Fleury :

Ravenelle des ruines,
Qui fleuris sur le vieux mur,
Je t'aime quand tu t'inclines
Comme un épi de blé mûr ;
Oui, je t'aime, ô ravenelle,
Et pourtant tu n'es pas belle
Comme le bluet d'azur,
Comme tes sœurs des collines
Aux corolles purpurines ;
Mais ton parfum est plus pur.

J'aime tes fleurs sans culture,
Papillons aux ailes d'or,
Que la main de la nature
Sème sur le passé mort,
Sur la crête desséchée
De la vieille tour penchée,
Sur les débris, puis encor,
Sur le granit de la grève,
Où le flot se plaint sans trève
Comme l'enfant qui s'endort.

Je t'aime mieux que la rose,
Mieux que le Muguet des bois,
Que la fleur du lys éclose
Et dont se paraient les rois :
Mieux que les tendres pervenches,
Mieux que les lianes blanches
Qui se fanent sous les doigts ;
Mieux que la fleur d'immortelle,
Oui, ma douce Ravenelle
Je t'aime mieux mille fois !

Où tu nais, nul ne te cueille
Et quand ton jour est venu,
Tu t'envoles feuille à feuille
Sur le sol aride et nu.
Tu ne ressens d'autre joie
Que celle que Dieu t'envoie
De son royaume inconnu.
Souvent l'orage te brise
Dans la pierre froide et grise
Où ton germe est retenu !

Sais-tu pourquoi, pauvre plante,
Je te préfère à la fleur
Qui se balance, indolente,
L'air orgueilleux et railleur ?
C'est qu'en tout lieu je t'ai vue
Parer la grandeur déchue
De ta charmante couleur,
C'est que, douce Ravenelle,
Tu restes toujours fidèle
A la ruine, au malheur !

N'est-il pas vrai, ajoutait M. Lecureur, que c'est là de la vraie poésie, dans laquelle semble avoir passé le souffle des maîtres, avec une sincérité et une intensité de sentiment qu'on trouve rarement ailleurs. Ah ! qu'au moins un bouquet de la fleur qu'il aimait et qu'il a si bien chantée orne le cercueil du poëte dont la voix est à jamais éteinte !

Disons tout de suite que cet appel a été entendu.

L'inhumation de Victor Fleury a eu lieu le mercredi 13 avril, à neuf heures du matin, en l'église de Notre-Dame. La ville entière semblait s'être donné rendez-vous à cette douloureuse cérémonie. Les bureaux de l'Hôtel-de-Ville étaient fermés. Presque tous les services étaient réunis au complet ou étaient représentés par des délégations à la maison mortuaire, rue d'Estimauville, numéro 1. Le cercueil disparaissait sous de nombreuses couronnes offertes par les parents et amis du défunt. Les employés de l'Hôtel-de-Ville avaient offert une magnifique couronne en perles avec un médaillon portant cette inscription : *Regrets*, et autour : *Les employés de la Mairie du Havre, à Victor Fleury. Havre 1881*. On remarquait encore quatre énormes couronnes de feuillage, et enfin, l'humble bouquet de ravenelle, demandé l'avant-veille pour l'auteur de la *Ravenelle Sauvage* Une main pieuse l'avait déposé sur le cercueil du poëte mort, et il a accompagné ses restes dans la tombe.

Le deuil était conduit par le fils du défunt, M. Albert Fleury, artiste-peintre ; son gendre, M. Becqué, officier de marine en retraite, chevalier de la Légion d'honneur, et son neveu, M. Gustave Vierpont. Un détachement du 119e régiment de ligne rendait les honneurs au légionnaire décédé.

Les cordons du poêle ont été alternativement tenus par MM. Bazan, adjoint, remplaçant le maire absent; Ficquet, adjoint; Ladvocat, ingénieur civil; Letellier, directeur de l'octroi; Eudet, contrôleur principal; Hagenow, vice-président de la Société des Sauveteurs; Laillet, chef du bureau de l'état civil; Mériot, capitaine des pompiers; Letellier-Férard, Brindeau, conseillers municipaux; le docteur Launay, directeur du Bureau municipal d'hygiène, et le docteur Lecadre oncle.

On remarquait dans le cortège: M. Joucla-Pelous, sous-préfet du Havre; l'administration municipale, M. Bazan, premier adjoint, en tête; le conseil municipal; la chambre de commerce et M. Mallet, son président; des membres de la Société Havraise d'Etudes diverses et M. le docteur Lecadre, son président; une députation de la Société des Sauveteurs, dont Victor Fleury faisait partie en qualité de membre honoraire. M. Nismes, colonel d'artillerie, M. Bellot, ingénieur en chef des ports maritimes; tout le personnel de l'Hôtel-de-Ville, les commissaires de police; des députations de l'administration de l'octroi, des sapeurs-pompiers, de la gendarmerie, du service sanitaire, des agents de police, des employés de la Compagnie des tramways, les Frères des écoles chrétiennes; les directeurs des écoles laïques, les inspecteurs de l'instruction publique, le lycée, etc.

Les assistants, au nombre de quinze cents

environ, ont pu à grand'peine trouver place dans la nef et les bas-côtés de l'Eglise Notre-Dame. Presque tous ont tenu à accompagner Victor Fleury à sa dernière demeure, et rarement on a vu une foule aussi nombreuse accomplir le pénible et douloureux pèlerinage du cimetière.

Au cimetière Sainte-Marie, des discours ont été prononcés au bord de la tombe, par M. Bazan, au nom de l'administration municipale ; par M. Lecadre, en qualité de président de la Société d'Etudes diverses ; par M. Ladvocat, ingénieur civil, et par M. Boutigny, chef de bureau du secrétariat, au nom du personnel des employés de l'Hôtel-de-Ville.

Ces discours résument la vie de Victor Fleury ; ils serviront de conclusion à notre notice biographique.

Au nom de la municipalité, M. Bazan, premier adjoint, remplissant les fonctions de maire, a pris le premier la parole et s'est exprimé ainsi :

Messieurs,

Je viens, au nom de l'Administration municipale, apporter sur cette tombe le juste tribut de nos regrets, qui sont partagés par la population tout entière.

Bien que des symptômes alarmants nous eussent inspiré des craintes sur la santé de notre secrétaire en chef, nous étions loin de prévoir qu'il dût nous être si inopinément enlevé. Le jour même de sa mort, il faisait encore acte de ses fonctions.

M. Fleury, à peine âgé de soixante-quatre ans, a consacré près de quarante années aux affaires municipales. Entré à la mairie d'Ingouville, le 1er octobre 1841, il est passé à celle du Havre, lors de l'annexion, en 1853 ; puis, de secrétaire-adjoint, il est devenu secrétaire en chef le 1er janvier 1856.

Dans cette longue carrière administrative, M. Fleury a donné des preuves d'une intelligence remarquable des affaires, d'un zèle infatigable, d'une aménité et d'une complaisance, qui ont été appréciés de ses chefs, de ses subordonnés et du public.

Se dévouant tout entier à ses devoirs administratifs, il a pu servir utilement les Administrations d'origines diverses, qui sont passées depuis 40 ans à l'Hôtel-de-Ville, et tous les administrateurs ont trouvé en lui un collaborateur intelligent et dévoué.

Aussi, nous, les derniers arrivés, nous ne pouvons nous séparer de ce regrettable fonctionnaire sans lui témoigner nos plus vifs et nos plus sincères regrets.

Puisse cette manifestation unanime de sympathie être pour sa famille un allègement à la perte cruelle qu'elle vient de faire.

Cher et regretté secrétaire, adieu !

Déjà fort émue des paroles qu'elle venait d'entendre, l'assistance a été plus touchée encore des paroles suivantes, par lesquelles M. le docteur Lecadre oncle, au nom de la Société Havraise d'Etudes diverses, a adressé au défunt un suprême adieu :

Dans quelques minutes, cette tombe, autour de laquelle nous nous sommes empressés d'accourir, va se fermer sur la dépouille terrestre d'un homme qui, dans des fonctions, modestes en apparence, a tenu une grande place dans notre ville. Ne l'ayant jamais perdu de vue depuis sa jeunesse, l'ayant constamment suivi durant ses travaux, durant ses épreuves de la vie, dans ses efforts d'imagination comme dans ses triomphes, j'ai voulu aussi lui adresser un dernier adieu.

Ce n'est point l'homme de bureau que je veux vous faire regretter. Je laisse ce devoir à d'autres, à ceux qui, près de notre municipalité, avaient besoin d'un éclaircissement que lui seul pouvait donner. Son esprit était une sorte de casier duquel sans efforts sortaient les dates et la nature de tous les arrêtés municipaux. Il en donnait une explication claire et facile, comme si la détermination avait été prise la veille, et il le faisait avec cette mansuétude et cette complaisance qui ne le quittaient jamais.

Ma tâche serait longue si je voulais suivre Fleury dans cette grande et belle carrière qu'il a parcourue. Pour vous dire la centième partie des services qu'il a rendus comme fonctionnaire, il me faudrait des heures, et sur cette terre humide et triste que nous foulons, le temps nous est compté.

L'âge qu'il m'a été donné d'atteindre m'a permis de connaître Fleury jeune encore. Je me rappelle son vieux père, sa respectable mère. Ah! comme ils étaient fiers de leur fils Victor! Quelle attention affectueuse il leur apportait pour les aider à supporter les rigueurs de l'âge. Ce dévouement de tous les instants, cette tendresse réfléchie, ce furent les qualités qu'il déploya plus tard près d'une épouse délicate et près de ses enfants.

Sa nature était éminemment affective. Ce don du

ciel, auquel vint se joindre une imagination riche et brillante, fit qu'il devint poëte, poëte comme le veut Boileau, sans effort, sans peine, en écoutant seulement les battements de son cœur. Mais les réalités de la vie se dressèrent contre lui. Il ne put être poëte que dans ses loisirs, et ces loisirs étaient bien rares et bien courts... Il le regrettait quelquefois... et nous, combien nous avons sujet de le regretter encore davantage. Les *Lointains*, et bien d'autres poëmes ne révélaient-ils pas un véritable poëte ?

Les recueils de la Société d'Etudes diverses, à laquelle il n'a jamais cessé d'appartenir, sont pleins de ces poésies délicieuses, où il découvrait son cœur, où il mettait son âme à nu.

Bien d'autres encore peut-être restent dans son portefeuille. Puissent ses enfants les recueillir et nous en montrer le charme plus tard ! Victor Fleury avait vieilli avec nous, mais sa verve était jeune encore !

Les anciens disaient que le poëte avait quelque chose du devin. Auraient-ils dit vrai ?... Un jour, excellent ami, dans un de tes moments d'inspiration, de ta plume attendrie sortait la stance suivante :

« Voici ma tâche terminée ;
« Que ferais-je encore en ces lieux ?
« La fleur pâlit, demi-fanée,
« Les nids à la branche inclinée
« Sont pleins de murmures joyeux...
« Allons rêver sous d'autres cieux ! »

Et le voilà, ce collègue aimé, cet homme sûr, ce cœur qui aimait tant à étendre le bien autour de lui, il meurt au moment où le printemps renaît, où les oiseaux chantent !... Mais tout n'est pas mort pour toi, Victor. Dans l'autre monde, tu contemples la nature qui partout se réveille... Tu vois nos larmes ; elles sont nombreuses et sincères... Tu constates l'abattement de nos âmes, l'immensité de nos regrets !... Adieu !... ou plutôt à bientôt !!!

Au nom des chefs de service de l'Hôtel-de-Ville, M. Ladvocat a prononcé ensuite l'allocution suivante, qu'on eût volontiers applaudie, n'eut été le respect dû à l'asile des morts :

MESSIEURS,

Si l'on ne peut généralement se défendre d'une émotion bien légitime quand on doit parler en public, combien plus encore cette émotion grandit, et tel est mon cas, lorsqu'il s'agit de prononcer quelques paroles d'adieu sur la tombe d'un ami ?

C'est avec intention que j'emploie ce doux nom d'ami, car, Messieurs, le secrétaire général de la mairie du Havre, le regretté M. Fleury, que nous accompagnons à sa dernière demeure, était pour tous les chefs de service de l'Hôtel-de-Ville, dont j'ai l'honneur d'être ici l'interprète délégué, et je puis ajouter pour tous les employés sans exception, un ami véritable en même temps qu'un supérieur respecté.

Qui d'entre nous, en effet, quelque rang qu'il occupe ou quelque fonction qu'il remplisse, n'a pas eu recours à lui, soit pour obtenir son appui auprès des diverses administrations municipales qu'il a vu se succéder, et qui toutes l'ont toujours tenu en haute estime, soit pour demander à ses lumières et à son expérience des conseils ou des renseignements ?

Comme il savait toujours accueillir ceux-ci, avec cette bonté naturelle qui inspirait la confiance, et comme il s'empressait, interrompant pour un temps plus ou moins long ses propres occupations, de fournir à ceux-là, et j'étais bien souvent du nombre, les explications dont ils avaient besoin, en même temps qu'il les aidait de ses sages conseils !

Que de volumes il faudrait, Messieurs, si l'on voulait réunir cette énorme correspondance, ces traités importants, ces projets de budgets, ces délibérations multiples, ces arrêtés de toute sorte qu'a rédigés M. Fleury pendant les 30 années qu'il a consacrées au service de la ville du Havre !

Que de projets de travaux qui ont fait le Havre de nos jours, lui sont passés par les mains ! Avec quel soin il complétait et expédiait ces importants dossiers, et comme une fois partis, il les suivait encore dans les bureaux de l'Administration supérieure, afin d'en activer le retour et la réalisation !

Travailleur infatigable, que n'arrêta même pas la maladie qui le minait depuis quelque temps déjà, il nous donnait à tous l'exemple, et nous étions fiers de l'avoir à notre tête.

Aussi, Messieurs, sa perte prématurée est-elle cruellement ressentie par chacun de nous.

Nous pleurons l'homme de bien, le chef aimé et vénéré dont le souvenir restera gravé dans nos cœurs. Puisse ce juste tribut de reconnaissance, contribuer à adoucir les peines d'une famille éplorée.

Au nom des chefs de service et de tous les employés de l'Hôtel-de-Ville, adieu cher et regretté M. Fleury, adieu !

Enfin, M. Boutigny, au nom de ses collègues du secrétariat, a porté l'émotion à son comble par ces quelques paroles parties du cœur et dites avec une sensibilité profonde qui doublait le prix de ce touchant adieu :

Messieurs,

Après les sentiments qui viennent d'être exprimés au nom des chefs de service, je prends la parole, en qualité de délégué des chefs de bureau et employés de la mairie, pour dire un dernier adieu, à celui qui fut notre *chef direct* et notre *ami*.

Tous, nous avons encore présentes à la mémoire la bienveillance et l'aménité de M. Fleury. Tous, nous nous rappelons *avec quel tact* il nous donnait les conseils que lui dictait sa longue expérience des affaires.

Que de *services personnels n'a-t-il pas rendus* à la plupart d'entre nous ? et avec quelle discrétion !

Aussi, nous avons tenu à venir saluer une dernière fois celui que nous considérions *comme un père*, et dont le souvenir restera *profondément gravé dans nos cœurs !*

Adieu ! regretté chef, adieu !

Enfin, nous terminerons en publiant un extrait de la séance du Conseil municipal du Havre, tenue le 13 avril 1881 :

« L'an 1881, le 13 avril, le conseil municipal de la ville du Havre convoqué conformément à la loi, s'est réuni à l'Hôtel-de-Ville, dans la salle de ses délibérations, en vertu d'une autorisation de M. le sous-préfet de l'arrondissement.

COMMUNICATIONS. — DÉCÈS DE M. FLEURY

« M. Bazan se faisant l'interprète des sentiments de tous, tient à exprimer au début de la séance les regrets causés par la mort de M. Victor Fleury. L'administration, continue-t-il, a cru répondre aux vœux du Conseil et de la population, en accordant aux restes mortels de celui qui fut notre secrétaire général, une concession de trente ans au cimetière Sainte-Marie.

« M. Brindeau demande qu'à raison des services rendus par le regretté défunt, une concession à perpétuité soit accordée pour sa sépulture.

« M. Duplat exprime de son côté le désir que les frais des funérailles soient supportés par la ville.

« Enfin, M. Laboureix propose d'adresser à la famille de M. Fleury, une lettre lui exprimant tous les regrets du Conseil et la part qu'il prend à l'étendue de sa douleur.

« Ces différentes propositions sont adoptées à l'unanimité. »

Fécamp. — Imprimerie de L. Durand, passage Sautreuil

www.ingramcontent.com/pod-product-compliance
Ingram Content Group UK Ltd.
Pitfield, Milton Keynes, MK11 3LW, UK
UKHW021948260726
13994UKWH00004B/1603